CHANYE GONGREN DUIWU JIANSHE GAIGE
ZHIGONG ZHISHI 50WEN

产业工人队伍建设改革
职工知识50问

推进产业工人队伍建设改革协调小组办公室◎编

中国工人出版社

前言

P R E F A C E

工人阶级是我国的领导阶级，产业工人是工人阶级的主体力量。产业工人队伍建设改革是习近平总书记亲自点题、亲自部署、亲自指导的重大改革，是党和国家一项具有战略性、全局性的重大决策部署。

2017年2月6日，习近平总书记主持召开中央全面深化改革领导小组第三十二次会议，审议通过了《新时期产业工人队伍建设改革方案》。会议指出，要从巩固党的执政基础的高度，从促进我国经济社会持续健康发展的高度，加快产业工人队伍建设改革，坚持全心全意依靠工人阶级的方针，按照“政治上保证、制度上落实、素质上提高、权益上维护”的总体思路，针对影响产业工人队伍发展的突出问题，创新体制机制，提高产业工人素质，畅通发展通道，依法保障权益，造就一支有理想守信念、懂技术会创新、敢担当讲奉献的宏大的产业工人队伍。2017 年 4 月 14 日，中共中央、国务院印发《新时期产业工人队伍建设改革方案》，从 5 个方面提出 25 条具体措施。回望新中国发展史特别是改革开放史，党中央、国务院专门就产业工人队伍建设改革进行谋划和部署还是第一次，释放了坚持以人民为中心的发展思想和全心全意依靠工人阶级方针的强烈信号，发出了推进产业工人队伍建设改革的动员令。

2022 年“五一”国际劳动节前夕，习近平总书记向首届大国工匠创新交流大会致贺信，向广大技能人才和劳动模范致以诚挚问候，向广大劳动群众致以节日祝贺。习近平总书记在贺信中明确指出：“技术工人队伍是支撑中国制造、中国创造的重要力量。”“各级党委和政府要深化产业工人队伍建设改革，重视发挥技术工人队伍作用，使他们的创新才智充分涌流。”这为进一步深化产业工人队伍建设改革指明了前进方向。

2022 年是产业工人队伍建设改革 5 周年。为了让广大产业工人更加深入、全面地了解此项改革的背景和重大意义，特别是了解《新时期产业工人队伍建设改革方案》中提出的主要举措以及改革与产业工人劳动经济权益、职业发展等的密切关系，我们编写了《产业工人队伍建设改革职工知识 50 问》一书。希望通过此书，让广大产业工人进一步了解改革、支持改革、参与改革、推动改革，实现体面劳动、舒心工作、全面发展的目标，为推动高质量发展、实施制造强国战略、全面建设社会主义现代化国家贡献智慧和力量。

目录

C O N T E N T S

第一部分 产业工人是支撑中国制造、中国创造的重要力量

第二部分 听党话、跟党走，奏响“工人伟大、劳动光荣”的时代主旋律

第三部分 产业工人的职业发展通道将更加畅通、职业舞台将更加宽广

第四部分 产业工人技能素质提升有渠道、有资源

第五部分 农民工的成长和发展将得到进一步重视

第六部分 国家将为产业工人打造互联网“知识海洋”和“服务神器”

第七部分 展望未来，改革将不断为产业工人实现更好发展提供有力支持

第一部分

产业工人是支撑中国制造、中国创造的重要力量

扫描二维码

收听语音版产业工人队伍建设改革知识

01 产业工人是指哪些人？

传统意义上，产业工人是指在现代工厂、矿山、交通运输等企业中从事集体生产劳动，以工资收入为生活来源的工人。2017年，《新的使命和担当——〈新时期产业工人队伍建设改革方案〉解读》一书中提出，我国产业工人主要是指在第一产业的农场、林场，第二产业的采矿业、制造业、建筑业与电力、热气、燃气及水生产和供应业，以及第三产业的交通运输、仓储及邮政业与信息传输、软件和信息技术服务业等行业中从事集体生产劳动，以工资收入为生活来源的工人。

近年来，新技术、新产业、新业态、新模式的不断产生和发展，使得新职业不断涌现，自2015年版《中华人民共和国职业分类大典》发布以来，国家共发布4批共56个新职业，涵盖了制造、餐饮、建筑、金融、环保、新兴服务等多个行业。

目前，超过八成产业工人集中在第二产业，近八成产业工人集中在制造业和建筑业。

02 党中央、国务院为什么要开展产业工人队伍建设改革？

《新时期产业工人队伍建设改革方案》明确：为贯彻习近平总书记重要指示精神，适应新形势新任务新要求，进一步巩固党的执政基础，实施制造强国战略，全面提高产业工人素质，制定《新时期产业工人队伍建设改革方案》。

（1）推进产业工人队伍建设改革，是巩固党长期执政的阶级基础和群众基础的迫切需要。工人阶级是我国的领导阶级，产业工人是工人阶级中发挥支撑作用的主体力量，是党最坚实最可靠的执政基础。不断深化产业工人队伍建设改革，加强对产业工人队伍的思想政治引领，健全保证产业工人主人翁地位的制度安排，坚定产业工人听党话、感党恩、跟党走的自觉信念，对巩固党的执政基础、扩大党的群众基础，有着极为重要的作用。

（2）推进产业工人队伍建设改革，是实施制造强国战略、推动高质量发展的迫切需要。产业工人是创造社会财富的中坚力量，是创新驱动发展的骨干力量，是实施制造强国战略的有生力量，在加快产业转型升级、推动技术创新、提高企业竞争力等方面具有基础性作用。努力打造一支宏大的高素质产业工人队伍，为高质量发展提供强大的人才支撑，对经济社会持续健康发展具有重要作用。

（3）推进产业工人队伍建设改革，是满足职工群众对美好生活向往的迫切需要。共同富裕是全体人民的富裕。实现高质量发展、促进共同富裕，就是要通过深化产业工人队伍建设改革，回应广大产业工人对美好生活的期待，多渠道助力产业工人享有更稳定的工作、更满意的收入、更可靠的社会保障、更充足的生活福利、更丰富的精神文化生活，切实增强广大产业工人的获得感、幸福感、安全感。

03 产业工人队伍建设改革的主要内容和目标任务是什么？

《新时期产业工人队伍建设改革方案》包括总体要求、主要举措和组织实施三部分内容。强调要按照“政治上保证、制度上落实、素质上提高、权益上维护”的总体思路，改革不适应产业工人队伍建设要求的体制机制，充分调动广大产业工人的积极性、主动性、创造性，为实现“两个一百年”奋斗目标、实现中华民族伟大复兴的中国梦更好地发挥产业工人队伍的主力军作用。

改革的目标任务是把产业工人队伍建设作为实施科教兴国战略、人才强国战略、创新驱动发展战略的重要支撑和基础保障，纳入国家和地方经济社会发展规划，通过改革，产业工人队伍不断壮大、综合素质明显提高，保障产业工人地位的制度更加健全，产业工人合法权益进一步实现，劳动光荣、技能宝贵、创造伟大的时代风尚更加浓厚，造就一支有理想守信念、懂技术会创新、敢担当讲奉献的宏大的产业工人队伍。

主要改革举措包括加强和改进产业工人队伍思想政治建设、构建产业工人技能形成体系、运用互联网促进产业工人队伍建设、创新产业工人发展制度、强化产业工人队伍建设支撑保障5个方面25条具体措施。

04 产业工人队伍建设改革是如何组织推进的?

《新时期产业工人队伍建设改革方案》要求：由全国总工会牵头、各相关部门参与，加强对产业工人队伍建设改革的宏观指导、政策协调和组织推进。

实施产业工人队伍建设改革以来，通过在国家和省（区、市）两个层面，健全协调领导机构，组织推进产业工人队伍建设改革。2017 年，全国总工会会同中央组织部、国家发展和改革委员会、教育部、工业和信息化部、财政部、人力资源和社会保障部、国务院国有资产监督管理委员会 8 部委作为成员单位，中央宣传部等 22 个部委作为参与单位，组成全国推进产业工人队伍建设改革协调小组。各省（区、市）均已成立推进产业工人队伍建设改革组织领导机构，目前有 23 个省

（区、市）的省委副书记、6个省（市）的省委常委担任协调（领导）小组组长。各地方制定产业工人队伍建设改革专项规划或将其纳入地方整体规划，把产业工人队伍建设改革工作列入年度考核或督查范围，压紧压实责任，创新改革举措，狠抓任务落实。

2021年，全国总工会成立推进产业工人队伍建设改革工作领导小组，进一步强化牵头抓总职责，全总党组书记、副主席、书记处第一书记陈刚担任领导小组组长，部署开展大调研、大走访、大交流活动，加大成员单位间的协调推进力度。推动制定产业工人队伍建设改革评价考核机制、全国产业工会作用发挥机制、专题培训机制、发挥企业主体作用机制、分类指导机制等工作机制，着力加强协调联系、综合指导、经验交流和组织推进。

05 与产业工人切身利益相关的重要文件有哪些?

《新时期产业工人队伍建设改革方案》要求：实现产业工人队伍建设与宏观政策、产业政策、就业政策、社会政策联动。

制度是管根本、管全局、管长远的。5 年来，党中央、国务院以及相关部委出台相关制度文件 90 多个，其中全国总工会出台相关制度文件 20 多个，涉及产业工人队伍思想政治建设、薪酬待遇、职业发展、技能培训、权益保障等多个方面。

与产业工人切身利益相关的文件主要有：

（1）思想引领方面:《关于加强和改进新时代产业工人队伍思想政治工作的意见》《关于加强新时代职工文化建设的指导意见》等。

（2）建功立业方面:《中华全国总工会关于进一步深化劳模和工匠人才创新工作室创

建工作的意见》《中华全国总工会劳动和技能竞赛规划（2021—2025年）》等。

（3）素质提升方面：《关于推行终身职业技能培训制度的意见》、《关于充分发挥工会在建设知识型、技术型、创新型技术工人队伍中作用的意见》、《职业教育法》修订等。

（4）地位提高方面：《关于提高技术工人待遇的意见》《技能人才薪酬分配指引》《关于进一步加强中央企业职工代表大会制度建设的指导意见》等。

（5）权益维护方面：《保障农民工工资支付条例》、《工会法》修订等。

（6）职业发展方面：《关于进一步加强高技能人才与专业技术人才职业发展贯通的实施意见》《关于健全完善新时代技能人才职业技能等级制度的意见（试行）》等。

第二部分

听党话、跟党走，
奏响“工人伟大、劳动光荣”
的时代主旋律

扫描二维码

收听语音版产业工人队伍建设改革知识

06 产业工人队伍为什么要加强思想政治建设？

《新时期产业工人队伍建设改革方案》要求：加强和改进产业工人队伍思想政治建设。这是方案的第一条措施。

工人阶级具有严格的组织性、纪律性和革命的坚定性、彻底性，是党坚实可靠的阶级基础。产业工人是民族精神的传承者、弘扬者，是时代精神的创造者，也是社会新风的培育者、引领者。一代又一代中国产业工人以实际行动塑造了工人阶级的伟大品格和劳模精神、劳动精神、工匠精神，孕育产生了王进喜、包起帆、许振超、郭明义、巨晓林、高凤林等一批又一批时代楷模。他们为中国精神注入了强大能量，成为广大劳动群众的光辉榜样，调动了广大劳动群众的积极性、主动性、创造性，为实现中华民族伟大复兴的中国梦积累了宝贵的精神财富。

当前，产业工人队伍拥护党、爱国家、爱岗位、重实干，保持了积极向上、努力进取的先进性。但也要看到，由于受各种因素影响，部分产业工人也存在主人翁意识淡化、自信心不足、缺乏身份认同感等问题。这就需要大力加强思想政治建设，充分发扬工人阶级的优良品格，不断增强工人阶级的凝聚力、向心力，引导他们听党话、跟党走，用实际行动汇聚起全面建设社会主义现代化国家的磅礴力量。

07 新形势下产业工人队伍党建工作将如何开展？

《新时期产业工人队伍建设改革方案》要求：强化和创新产业工人队伍党建工作。

新形势下加强产业工人队伍党建工作，

首先就是加大在产业工人队伍中发展党员力度，把技术能手、青年专家、优秀工人吸收到党组织中来，注重推进在非公有制企业、社会组织及小微企业就业的工人中发展党员的工作。特别是针对农民工已成为产业工人主体的实际，更加重视发展农民工入党工作，把更多优秀农民工吸收到党组织中来。同时，加强企业党组织建设，实现党的组织、党的工作和党员作用的全覆盖，建设一个能够团结带领职工群众推进企业改革发展的坚强战斗堡垒。

伴随着我国产业工人队伍的不断壮大，越来越多的优秀产业工人加入了中国共产党，有的成为先进模范人物，有的走上了各级党政领导岗位，在构建和谐社会、推动高质量发展等方面都发挥了先锋模范作用，得到了全社会的充分肯定。

08 产业工人的主人翁地位将如何得到保障？

《新时期产业工人队伍建设改革方案》要求：健全保证产业工人主人翁地位的制度安排。

党和国家对坚持全心全意依靠工人阶级的方针始终是坚定不移的，对工人阶级的主人翁地位和作用始终是充分肯定的。产业工人队伍建设改革实施 5 年来，产业工人的主人翁地位得到了有效保障，明确了产业工人在各级党组织和人大、政协、群团组织的代表大会中代表、委员会委员的比例。截至 2021 年 12 月，在省级工会兼职副主席中，劳模和一线职工有 70 人，占 58.3%；2018 年以来，在“全国五一劳动奖章”表彰中，产业工人比例均超过 40%；在 2020 年的“全国劳动模范和先进工作者”表彰中，一线工人和企业技术人员占比 71.1%。

新形势下，党和国家将进一步探索和实施保障包括产业工人在内的工人阶级主人翁地位的新途径和新方法，充分发挥产业工人的主力军作用。

09 如何奏响“工人伟大、劳动光荣”的时代主旋律？

《新时期产业工人队伍建设改革方案》要求：营造尊重劳动、崇尚技能、鼓励创造的社会氛围。这是优化产业工人成长环境、进一步提高产业工人社会地位的重要举措。

2015 年“五一”国际劳动节期间，中央电视台推出 8 集系列节目《大国工匠》。节目播出后反响巨大，工匠故事迅速走红。之后，全国总工会与中央电视台连续制作播出 9 季《大国工匠》专题片，在全社会进一步引发热烈反响。“工匠精神”入选“2016 年十大流行语”。2019 年，中国工人出版社出版了长篇小说《高铁作证》，讲述了高铁建设者攻坚克难、开展科技攻关的感人故事，2021 年小说同名电影在全国上映，引发热议。近年来，中央宣传部和全国总工会联合开展“最美职工”等学习宣传活动，举办“中国梦·劳动美”五一特别节目，发布 9 届全国“最美职工”91 人次，发布 3 届“大国工匠年度人物”30 名。如今，越来越多的大国工匠和劳动模范的名字和事迹被公众所熟知，崇尚劳模、尊重劳动、尊崇工匠的时代风尚进一步浓厚。

按照《新时期产业工人队伍建设改革方案》要求，各级将继续加大对优秀产业工人的宣传力度，引导广大文艺工作者创作更多展现产业工人风采的优秀文艺作品，组织劳模、工匠进学校、进课堂、进企业、进班组，讲好劳模故事、讲好劳动故事、讲好工匠故事，切实奏响“工人伟大、劳动光荣”的时代主旋律。

10 国家将如何完善收入分配制度，维护劳动收入的主体地位？

《新时期产业工人队伍建设改革方案》要求：完善工资平等协商机制、正常增长机制、支付保障机制，健全向一线产业工人倾斜的分配制度，落实产业工人参与分配决定的权利，维护劳动收入的主体地位。

习近平总书记指出：“共同富裕是社会主义的本质要求，是中国式现代化的重要特征。”“技术工人也是中等收入群体的重要组成部分，要加大技能人才培养力度，提高技术工人工资待遇，吸引更多高素质人才加入技术工人队伍。”近年来，各级高度重视提高产业工人待遇，先后出台《关于提高技术工人待遇的意见》《技能人才薪酬分配指引》《中央企业工资总额管理办法》等，着力增加劳动者特别是一线劳动者的劳动报酬，合理提高劳动报酬在初次分配中的比重。国家协调劳动关系三方会议成员单位（人力资源和社会保障部、全国总工会、中国企业联合会、全国工商业联合会）共同开展“护薪”行动。全国总工会编写《集体协商工作指导手册》，引导各地推动新就业形态行业建立协商协调机制。

党和国家将始终坚持以人民为中心的发展思想，在高质量发展中促进共同富裕，正确处理效率和公平的关系，构建初次分配、再分配、三次分配协调配套的基础性制度安排，加大税收、社保、转移支付等方面的调节力度并提高精准性，扩大中等收入群体比重，增加低收入群体收入，合理调节高收入，取缔非法收入，以形成中间大、两头小的橄榄型分配结构，促进社会公平正义，促进人的全面发展，使全体人民朝着共同富裕目标扎实迈进。

11 产业工人薪酬待遇提升的前景如何？

《新时期产业工人队伍建设改革方案》要求：健全向一线产业工人倾斜的分配制度；创新技能导向的激励机制；提高相应待遇，实现多劳者多得、技高者多得等。

“凭本事吃饭”一直是产业工人最朴素的职业道德和追求，不断提高产业工人薪酬待遇是产业工人队伍建设改革的重要内容。近年来，国家先后出台了《关于提高技术工人待遇的意见》《技能人才薪酬分配指引》《国务院关于改革国有企业工资决定机制的意见》等文件，为提高产业工人薪酬待遇提供了制度保障。从近年的总体情况看，产业工人队伍的收入不断增长，福利水平有所提升。

深化产业工人队伍建设改革，就是要使劳动要素、技能要素更多地在收入分配中得到体现，这也是实现共同富裕的内在要求。

各级将坚决贯彻党中央的决策部署，创新技能导向的激励机制，不断提高产业工人的薪酬待遇，增强产业工人的获得感、幸福感、安全感。

12 与产业工人息息相关的社会保险制度将如何改进？

《新时期产业工人队伍建设改革方案》要求：健全社会保险制度，提高统筹层次，稳步提高社会保障水平，做好跨地区、行业、单位流动的社会保险关系接续。

健全社会保险制度是保障产业工人权益的兜底工程，也是阳光工程、幸福工程。党和国家历来重视加强和改进社会保险制度，为产业工人体面劳动、舒心工作、全面发展保驾护航。人力资源和社会保障部、财政部、国家税务总局印发《关于失业保险基金省级统筹的指导意见》，人力资源和社会保障部印发《关于加快推进工伤保险基金省级统筹工作的通知》，全面实现工伤保险基金省级统筹。2020年首次从制度上将失业保险保障范围扩展至所有城乡参保失业人员，全国共有1337万人领取了不同项目的失业保险金。全国工商业联合会开展失业保险惠企政策进民企特别推送，将稳岗返还、技能提升补贴以及社保返还等政策推送给民营企业。2012年至2022年4月，我国基本养老保险参保人数从7.9亿人增加到10.3亿人，参加基本医疗保险的人数达13.6亿人。

下一步，国家将进一步完善产业工人的养老、失业、医疗等社会保险制度，重点解决在不同地区、不同行业、不同单位之间流动的社会保险关系转移接续问题，提高农民工、劳务派遣工等职工群体的参保率，推动实现基本公共服务均等化。

以失业保险为例，它具有保生活、防失业、促就业三重功能。国家将在持续做好失业保险金、代缴基本医疗保险费和失业农民工一次性生活补助等常规性保生活待遇发放工作的基础上，延续执行失业保险保障阶段性扩围政策。

13 优秀的产业工人可以获得哪些表彰奖励？

《新时期产业工人队伍建设改革方案》要求：完善国家级技术工人表彰奖励，形成以党和国家表彰为导向、企业和社会积极参与的产业工人表彰奖励制度。

表彰奖励是党、国家、社会对产业工人辛勤劳动和巨大付出的充分肯定，是产业工人实现自身价值、彰显工人阶级主力军作用的重要方式。2021 年，在庆祝中国共产党成立 100 周年“七一勋章”颁授仪式中，马毛姐、艾爱国、黄宝妹 3 名产业工人党员被授予

“七一勋章”；在受表彰的全国优秀共产党员、全国优秀党务工作者中，一线产业工人约占50%。人力资源和社会保障部对60名“中华技能大奖”获得者和600名“全国技术能手”进行表彰和奖励；2020年共推荐566名高技能人才享受政府特殊津贴。全国总工会推荐的20个一线产业工人创新项目获“国家科学技术进步奖”，制定的《职工职业技能比赛授予全国五一劳动奖章管理办法》加大对技能比赛授予奖章的支持力度。

目前，在党和国家开展的“时代楷模”“七一勋章”“劳动模范”评选表彰，人力资源和社会保障部组织的高技能人才评选表彰、高技能人才享受政府特殊津贴推荐，全国总工会组织的“全国五一劳动奖章”以及各地组织的工匠人才评选表彰，共青团中央组织的“中国青年五四奖章”评选，国务院国有资产监督管理委员会组织的“央企楷模”评选，全国工商业联合会开展的“科技创新创业人才”推荐等工作中，优秀产业工人都能得到相应的表彰和奖励。今后，党和国家还将进一步完善国家级技术工人表彰奖励制度，积极设立符合产业工人特点的奖励项目，给予技术技能水平高超、为党和国家作出突出贡献的产业工人应有的褒奖。

14 产业工人在各级各类劳动模范和先进代表评选中的名额比例是如何规定的？

《新时期产业工人队伍建设改革方案》要求：增加产业工人在各级各类劳动模范和先进代表等评选中的名额比例。

习近平总书记指出：“劳动模范是民族的精英、人民的楷模，是共和国的功臣。”可以说，劳动模范是党、国家和人民对包括产业工人在内的全体劳动者中的优秀代表的最高褒奖。许多大家耳熟能详的产业工人如孟泰、赵梦桃、李斌等都是全国劳动模范。全国劳动模范和先进代表评选坚持面向基层和工作一线，面向经济社会发展的各条战线，面向社会各个阶层，确保产业工人在推荐人选中有较大占比。全国总工会在“全国五一劳动奖章”表彰中，把产业工人单列名额，明确规定产业工人占比不低于35%，2018年、2019年、2021年、2022年占比均超过40%。在2020年“全国劳动模范和先进工作者”表彰中，企业职工和其他劳动者占总人数的47.8%，一线工人和企业技术人员占其中的71.1%。

下一步，党和国家还将继续加强全国劳模和先进代表的评选表彰工作，进一步提高产业工人的名额比例，让更多在经济、科技、社会等方面作出巨大贡献的产业工人享受崇高荣誉。

15 如何保障产业工人有序参与企业民主管理？

《新时期产业工人队伍建设改革方案》要求：研究制定企业民主管理、集体协商等方面的制度，督促企业依法履行社会责任，保障产业工人与用人单位平等协商的权利，推进构建中国特色和谐劳动关系。

产业工人是改革的重要参与者、积极推动者和直接受益者，是企业实现高质量发展的主力军。近年来，在工会组织的推动下，我国企业民主管理、集体协商等工作取得了令人瞩目的成绩，集体协商制度覆盖面不断扩大，集体合同签订数持续增加，有力促进了产业工人有序参与企业民主管理，对保障产业工人合法权益、构建和谐劳动关系、推动企业健康发展都发挥了重要作用。

各级将深入落实《工会法》《劳动法》《企

业民主管理规定》等法律法规，以发展和完善基层民主制度为方向，以促进企业发展、维护职工权益为原则，以国有改制企业、非公有制企业为重点，健全以职工代表大会为基本形式的企事业单位民主管理制度，深入推进厂务公开制度、职工董事职工监事制度建设，大力推动基层开展民主协商，着力扩大民主管理覆盖面，推进制度化、规范化、法治化建设，提高工作实效，保障产业工人的知情权、参与权、表达权、监督权，构建企业、产业工人命运共同体，努力实现共同发展、共同受益。

16 产业工人的安全健康权益将怎样得到保障？

《新时期产业工人队伍建设改革方案》要求：加强安全生产和职业健康工作，改善劳动条件，提高产业工人健康素质。

习近平总书记强调："生命重于泰山。""把人民生命安全和身体健康放在第一位。"长期以来，党和国家坚持"人民至上、生命至上"，高度重视安全生产和安全发展。全国总工会积极参与《安全生产法》《危险化学品安全法》《煤矿安全条例》等 10 余项法律法规、政策文件的修订工作，督促建立企业重大隐患治理情况向负有安全生产监督管理职责的部门和企业职工代表大会"双报告"制度，推动签订劳动安全卫生专项集体合同，深入开展"安康杯"竞赛和职业病防治工作，持续做好常态化疫情防控形势下的高温作业和高温天气作业劳动保护。近年来，各级工会投入资金 11.67 亿元建设户外劳动者服务站点近 9.6 万个。

各级将积极推动企业落实安全生产主体责任、实现安全发展、控制职业危害。发挥工会劳动保护监督检查作用，督促"双报告"制度的建立，强化职工安全生产和职业健康知识教育培训工作，落实新入职员工、车间班组、企业“三级”安全教育培训，开发“工会劳动保护监督检查员和特聘煤矿群众监督员信息管理平台”，在推动企业加大安全生产投入、装备、设施等“硬实力”建设力度的同时，加强安全文化等“软实力”建设。

第三部分

产业工人的职业发展通道将更加畅通、职业舞台将更加宽广

扫描二维码

收听语音版产业工人队伍建设改革知识

17 为什么要拓宽产业工人的职业发展通道?

《新时期产业工人队伍建设改革方案》要求：创新产业工人发展制度。这为产业工人建功立业、实现自身价值和职业发展提供了机遇。

调研中，一些产业工人反映，在职业发展上存在诸多“天花板”和“旋转门”，要么“一眼望到头”，要么“一眼望不到头”，使得他们对立足本职实现自身价值的信心不足。这些都挫伤了产业工人的积极性，影响到产业工人队伍的稳定。推进产业工人队伍建设改革，就是要通过一系列政策措施，促进制度上的有机融合与互通互认，打通阻碍产业工人发展的各项制度性堵点，打破产业工人成长成才的身份壁垒、价值体现壁垒、学习教育壁垒，拓宽产业工人职业发展通道，打造产业工人发展的立体化发展空间，让产业工人能够积极有序地参与企业的民主管理，参与国家和社会的治理，实现体面劳动、舒心工作、全面发展。

18 产业工人将有怎样的职业发展前景？

《新时期产业工人队伍建设改革方案》要求：拓宽产业工人发展空间。可以预见的是，伴随着改革的推进，产业工人成长成才的舞台将更加宽广。

近年来，为落实改革方案要求，切实突破产业工人职业发展的“天花板”，国务院国有资产监督管理委员会指导推动中央企业打通技能人才职业发展通道，贯通“技能—技术”“技能—管理”两条横向发展通道；教育部指导国家开放大学制定《职业教育国家学分银行建设工作规程》，形成学历教育课程和非学历教育行业证书的互认模式。2022年4月，人力资源和社会保障部制定出台的《关于健全完善新时代技能人才职业技能等级制度的意见（试行）》提出，将现有的“五级”职业技能等级延伸和发展为由学徒工、初级工、中级工、高级工、技师、高级技师、特级技师、首席技师构成的“新八级工”职业技能等级序列，大大拓展了产业工人的职业发展空间。

今后，国家将通过大力实施产业工人队伍建设改革，进一步改革企业人事管理和工人劳动管理相区分的双轨管理体制，打破职业技能等级与专业技术职务之间的界限。完善个人学习账号和学分累计制度，推进非学历教育学习成果、职业技能等级学分转换互认。把优秀产业工人特别是高技能人才纳入党管人才总盘子统筹考虑，与专业技术型人才、管理型人才放在同等重要的位置，一同培养、一同选拔、一同考核、一同使用，不断拓宽产业工人职业成长的平台。

19 产业工人的职业技能等级标准有什么新规定?

《新时期产业工人队伍建设改革方案》要求：优化职业技能等级标准。

建立完整、成熟、稳定的职业发展通道是广大产业工人关心的问题之一，也是产业工人队伍建设改革的重要内容。我国 20 世纪 50 年代的“八级工”在许多人心中曾是“神”一般的存在，不仅收入可观，而且受到社会的普遍尊重。为积极适应企业对人才的需求和产业工人对职业发展的需要，2022 年 4 月，人力资源和社会保障部出台了《关于健全完善新时代技能人才职业技能等级制度的意见（试行）》，提出企业可根据技术技能发展水平等情况，结合实际，在现有职业技能等级设置的基础上适当增加或调整技能等级，增设特级技师和首席技师，补设学徒工，形成由学徒工、初级工、中级工、高级工、技师、高级技师、特级技师、首席技师构成的“新八级工”职业技能等级序列。

该《意见》明确，学徒工的转正定级考核，由用人单位在其跟随师傅学习期满和试用期满后，依据本单位有关要求进行；参加中国特色企业新型学徒制的学员按照培养目标进行考核定级。特级技师、首席技师是在高技能人才中设置的高级技术职务（岗位），一般应在有高级技师的职业（工种）领域中设立，通过评聘的方式进行，实行岗位聘任制，首席技师原则上从特级技师中产生。职业技能等级认定要坚持客观、公正、科学、规范的原则，使认定结果经得起市场检验、为社会广泛认可。

20 产业工人在职业技能等级评价上想取得好成绩，应该注意哪几个方面？

《新时期产业工人队伍建设改革方案》要求：健全职业技能多元化评价方式；加大对技术工人创新能力、现场解决问题能力和业绩贡献的评价比重。

产业工人想在晋升职业技能等级方面取得好成绩，要牢记一些重点事项。

（1）要更加关注职业道德、职业操守和劳模精神、劳动精神、工匠精神的养成。

（2）要按照职业技能等级标准勤学苦练，突出实际操作能力和解决关键生产技术难题的能力，提升掌握多项技能、从事多工种多岗位复杂工作的能力。

（3）要了解不同职业技能等级的考核评价方式，如了解“新八级工”职业技能等级的相关考核方式。

（4）要积极参加各级组织的岗位练兵活动和技能比赛，在国家级、省级等不同层次的职业技能竞赛中获得优秀等次的选手，可按规定晋升职业资格或职业技能等级；对获得全国职工职业技能大赛各工种决赛前5名的选手，经人力资源和社会保障部核准后，可授予“全国技术能手”称号。

21 企业人力资源管理“双轨制”将如何进行改革？

《新时期产业工人队伍建设改革方案》要求：改革企业人事管理和工人劳动管理相区分的双轨管理体制，实行统一的人力资源管理制度。

目前，我国企业普遍存在人力资源管理“双轨制”模式，就是在企业内部，基于劳动者不同的身份形成不同的用工方式，采用不同的管理方法，给予不同的待遇。这种管理模式是伴随着计划经济向市场经济转型而出现的一种劳动用工模式，在我国企业的转型发展过程中曾发挥过一定的作用。但随着企业人力资源管理现代化水平的提升和劳动法制环境的不断完善，这一模式的诸多弊端也日益显现，极大地影响了企业管理的现代化水平和产业工人的生产积极性以及对企业的归属感、认同感，也极大地阻碍了产业工人的职业发展。

实行统一的人力资源管理制度，就是要改革企业用人制度，切实打破人力资源管理中“工人”与“干部”之间，正式工与临时工、劳务派遣工之间的身份界限，让产业工人施展才华有舞台，成长发展有通道，劳动付出有回报，维护、保障好产业工人的劳动经济权益。近年来，各地党委、政府和一些企业正在积极推进这方面的改革，比如规范劳动用工制度，不断加大对产业工人劳动经济权益的维护。有的企业通过劳动和技能竞赛激励产业工人同场竞技，从优胜者中选拔农民工、临时工等进入编制序列，得到了产业工人的好评。

22 如何打破职业技能等级与专业技术职务之间的界限？

《新时期产业工人队伍建设改革方案》要求：打破职业技能等级与专业技术职务之间界限，实现有效衔接，改变技术工人成长成才“独木桥”现象。

在我国，职业技能等级也被称为职业技能资格等级或工人技术等级。2022 年 4 月，人力资源和社会保障部出台的《关于健全完善新时代技能人才职业技能等级制度的意见（试行）》明确了“新八级工”职业技能等级序列。我国从 1986 年起实行专业技术职务聘任制度，一般分为高级、中级、初级。

打通职业技能等级与专业技术职务之间的界限，建立职业技能等级与专业技术职务两种通道相互衔接、相互转换的管理机制，是促进产业工人职业发展的必然要求。今后，国家将进一步打破产业工人职业转换、岗位调整、职位晋级的限制，打通产业工人职业发展通道，使符合条件的技术工人能够进入企业管理人员和技术人员行列，拓展发展空间。

23 如何搭建产业工人终身学习与职业技能等级晋升的“立交桥”？

《新时期产业工人队伍建设改革方案》要求：完善个人学习账号和学分累计制度，制定国家资历框架，推进非学历教育学习成果、职业技能等级学分转换互认。

当前，通过参加各种技能培训和学习来

提升技术技能水平是产业工人实现职业技能等级提升的主要渠道和方式。但目前来看，跨地区、跨行业、跨系统的学习还存在壁垒，优质教育资源的供给尚不能与产业工人的个性化、多样化的学习需求相匹配，以提升产业工人技术技能水平为核心的继续教育课程和终身学习资源还不够丰富，终身学习制度、继续教育供给体制和服务机制尚未建立。

面对这一现状，就是要通过深化产业工人队伍建设改革，不断完善个人学习账号和学分累计制度，根据产业工人的知识、技能和能力要求，为产业工人建立终身学习成果档案，构建成一个连续的、能被认可的资格阶梯。建立国家资格框架，既包括正规学校的学历文凭，又包括自学和通过社会培训获得的职业资格，整合教育和培训等各类证书、资格标准，实现等值、互认，使职业教育、继续教育与生产实践对接、与产业升级需求对接、与国家经济社会发展对接，为产业工人搭建终身学习、不断成长的“立交桥”。

24 能否将优秀产业工人与专业技术型人才、管理型人才放在同等重要的位置？

《新时期产业工人队伍建设改革方案》要求：把优秀产业工人特别是高技能人才纳入党管人才总盘子统筹考虑，搭建产业工人职业成长平台。

人才是国家发展最宝贵的战略资源，我们党要科学执政、长期执政，必须直接掌握这一重要战略资源，把尽可能多的人才团结凝聚到党和国家的事业中来。产业工人是工人阶级的主体力量、创造社会财富的中坚力量、创新驱动发展的骨干力量、实施制造强国战略的有生力量，将这支力量团结凝聚起来，纳入党管人才总盘子，有利于提升全社会对产业工人队伍重要地位和作用的认识水平，提升产业工人的自豪感；有利于统筹协调，扫除阻碍产业工人发展的各种“绊脚石”，建立健全充满生机、活力的产业工人发展体制机制，为高技能人才施展才华提供更多发展机遇和更大发展空间。

通过深化产业工人队伍建设改革，将优秀产业工人纳入党管人才总盘子，就是要强化正确的人才观念、用人导向，将优秀产业工人与专业技术型人才、管理型人才放在同等重要的位置，一视同仁，做到一同培养、一同选拔、一同考核、一同使用，不断优化技能型人才成长的社会、政策环境。

25 激励产业工人成长成才和建功立业的导向是什么？

《新时期产业工人队伍建设改革方案》要求：创新技能导向的激励机制。

技能是产业工人的“看家本领”，只有

有高超的技术技能“加持”，产业工人才能实现自身价值，才能走技能强国、技能报国之路。近年来，国家始终把提升技术技能水平、激发创新创造活力作为促进产业工人成长成才和建功立业的基本导向。其中，中共中央办公厅、国务院办公厅出台的《关于提高技术工人待遇的意见》，国家发展和改革委员会出台的《关于开展城乡居民增收综合配套政策试点以及专项激励计划和收入监测试点的通知》以及人力资源和社会保障部出台的《技能人才薪酬分配指引》等政策规定，都把对技能人才的激励作为促进劳动者增收的重要组成部分。2018 年以来，在“全国五一劳动奖章”表彰中，产业工人比例均超过 40%；在 2020 年的“全国劳动模范和先进工作者”表彰中，一线工人和企业技术人员占比 71.1%。

在下一步的改革中，党和国家将进一步建立健全培养、考核、使用、待遇相统一的激励机制，特别是着力完善高技能人才使用和激励机制，以实现多劳者多得、技高者多得。建立技术工人创新成果按要素参与分配的制度，积极推动和实施业绩积分等级制、年薪制、技术入股等制度。坚持面向基层和工作一线，完善产业工人表彰奖励制度，增加产业工人在各级各类劳动模范和先进代表等评选中的名额比例，推动更多优秀的产业工人脱颖而出。

26 国家将如何激励和扶持产业工人创新创效？

《新时期产业工人队伍建设改革方案》要求：加大对产业工人创新创效扶持力度。

企业是创新的主体，产业工人是创新驱动发展的骨干力量。近年来，党和国家、广大企业都十分重视创新驱动发展，不断激发产业工人创新创造活力。广大产业工人也不负众望，在推动企业创新发展、攻克“卡脖子”关键核心技术等方面发挥了重要作用。2022年4月27日，全国总工会成功举办了首届大国工匠创新交流大会，习近平总书记亲自发来贺信。近年来，全国总工会出台了《关于广泛深入持久开展“五小”活动的指导意见》，开展全国职工优秀技术创新成果交流活动，连续举办“6·18”海峡两岸职工创新成果展；命名全国示范性创新工作室297家，命名各级各类创新工作室超过8万家，完成创新攻关项目超过40万项，取得专利及成果近20万项。江苏省推动实施“能级工资”专项集体合同、职工技术创新专项集体合同签订工作。山东省总工会全力推进职工创新创效服务体系建设，对职工创新创效竞赛优胜者给予重奖，最高奖金达100万元。

党和国家将始终致力于对产业工人创新创效的扶持，发挥工会“大学校”作用，深化群众性技术创新活动，加大职工创新工作室、劳模创新工作室和技能大师工作室创建力度，开展全国职工优秀创新成果评选，发挥工会职工创新补助资金的作用，加大对产业工人创新创效扶持力度，让产业工人的创新才智充分涌流。

27 产业工人如何通过劳动和技能竞赛展示风采、建功立业？

《新时期产业工人队伍建设改革方案》要求：改进劳动和技能竞赛体系。

劳动和技能竞赛与产业工人息息相关，产业工人对此也非常熟悉。群众性劳动竞赛活动是提高职工素质、推动企业进步、促进经济发展的重要途径，是工会围绕中心、服务大局的重要载体。全国总工会从“十二五”时期开始，均制定了劳动和技能竞赛五年规划，特别是在“十三五”期间，围绕国家重大战略、重大工程、重大项目、重点产业，组织动员 3.7 亿人次产业工人参与多种形式的劳动和技能竞赛，在推动经济高质量发展、决胜全面建成小康社会中充分发挥了主力军作用。一大批优秀产业工人也因此脱颖而出，赢得了党和国家授予的荣誉、社会各界的广泛赞誉。在第 44 届、45 届世界技能大赛上，我国选手在金牌榜、奖牌榜和团体总分上均位居第一。全国总工会连续主办了 7 届全国职工职业技能大赛，特别是 2021 年在四川成都成功举办的第七届全国职工职业技能大赛，规模空前，引起了强烈反响。

为落实《新时期产业工人队伍建设改革方案》要求，2021 年，《中华全国总工会劳动和技能竞赛规划（2021—2025 年）》《关于深入开展“十四五”全国引领性劳动和技能竞赛的通知》相继印发，明确聚焦国家重大战略、重大工程、重大项目、重点产业，紧扣推动高质量发展、紧扣坚持创新核心地位、紧扣激发人才创新活力开展竞赛，并对竞赛中涌现的先进集体和先进个人在“全国五一劳动奖”评选中优先推荐。

28 国家将如何健全公共就业服务体系，促进产业工人就业？

《新时期产业工人队伍建设改革方案》要求：健全公共就业服务体系，丰富就业服务内容，拓展服务功能，加强职业指导，完善就业信息服务制度，做好职业供求信息发布，促进产业工人合理流动，提高人力资源配置效率。

能否实现稳定和高质量就业是产业工人较为关注的问题。近年来，国家大力推动建立健全公共就业服务体系，建设中国公共招聘网，培育专业化人力资源服务机构。人力资源和社会保障部、全国总工会、全国工商业联合会等部门组织开展春风行动、百日千万网络招聘专项行动、民营企业招聘月、金秋招聘月等“10+N”专项服务活动，搭建供需对接平台，为产业工人提供及时、便捷、高效的就业服务。

新形势下，国家将进一步提升政府公共服务能力，健全产业工人的人事代理、社会保险代理、劳动争议调解仲裁、人事档案管理等公共服务平台。加强人力资源市场建设，打破户籍、地域、身份、学历、人事关系等制约，规范发展人事代理、人才推荐、人员培训、劳务派遣等人力资源服务。完善就业信息服务制度，建立覆盖全国的就业信息监测和招聘信息公共服务平台，提供高效、便捷、精准到位的服务。

各级组织将进一步提升在技能培训促就业、春风行动、就业援助月、民营企业招聘周、困难家庭高校毕业生阳光就业行动等方面的服务效果；加强工会与政府、企业的三方联合，建立就业服务平台；加强职业培训和职业介绍机构建设，为产业工人特别是农民工、下岗人员等就业困难群体提供就业、再就业服务。

第四部分

产业工人技能素质提升
有渠道、有资源

扫描二维码

收听语音版产业工人队伍建设改革知识

29 为什么要大力提升产业工人的技术技能水平？

《新时期产业工人队伍建设改革方案》要求：构建产业工人技能形成体系，造就一支有理想守信念、懂技术会创新、敢担当讲奉献的宏大的产业工人队伍。

劳动者素质对一个国家、一个民族发展至关重要。当今世界，综合国力竞争日趋激烈，全球新一轮科技革命和产业变革正在孕育兴起，人才日益成为综合国力竞争的决胜因素。当前，我国人力资源供求存在较大的结构性矛盾：一方面，企业转型升级急需大批专业化的高技能产业工人；另一方面，大部分产业工人专业培训率低，技术技能水平不能满足企业生产需要。

“技能是全球通用货币。”对产业工人而言，素质是立身之基，技能是立业之本，要想在本职岗位上展现能力才华、实现个人价值，必须不断提升技术技能水平，走技能成才、技能报国之路。近年来，许多产业工人在本职岗位上勤学苦练、深入钻研，勇于创新、敢为人先，为推动高质量发展、实施制造强国战略、全面建设社会主义现代化国家贡献了智慧和力量。在 2022 年“全国五一劳动奖”系列表彰中，产业工人超四成，行业大类表彰最多的是制造业。

30 产业工人将享受到什么样的职业教育？

《新时期产业工人队伍建设改革方案》要求：完善现代职业教育制度，坚持面向市场、服务发展、促进就业的办学方向，加强职业教育、继续教育、普通教育的有机衔接。

发展现代职业教育是构建产业工人技能形成体系的基础。党的十八大以来，我国职业教育取得了明显发展，建成了全世界规模最大的职业教育体系，中高职学校每年培养约 1000 万名高素质技术技能人才。全国职业学校共开设了 1300 多个专业和 12 万多个专业点，专业范围基本覆盖了国民经济各领域，支撑着我国成为全世界唯一拥有全部工业门类的国家。调查数据表明，在现代制造业、战略性新兴产业和现代服务业等领域，新增一线从业人员 70% 以上是职业院校毕业生。

2022 年，国家出台了新修订的《职业教育法》，为产业工人享受高质量的职业教育打开了广阔的空间，特别是为普通高等学校设置职业本科教育专业、专科层次职业学校设置职业本科教育专业预留了空间。职业学校的学生不仅可以读大专，还可以上本科。同时，有关部委还将深入推进产教融合、校企合作，打造若干高水平专业化产教融合实训基地，加快建设公共实训基地和工匠学院，推进国家产教融合型城市建设，不断提高职业教育质量。

31 国家将如何组织开展产业工人职业技能培训？

《新时期产业工人队伍建设改革方案》要求：改革职业技能培训制度，推进职业技能培训市场化、社会化、多元化改革，强化和落实企业培养产业工人的主体责任等。

改革职业技能培训制度，加强职业技能培训工作，是构建产业工人技能形成体系的关键环节。5 年来，财政部会同人力资源和社会保障部指导各地从失业保险基金中提取资金 1139 亿元统筹用于实施职业技能提升行动，人力资源和社会保障部开展补贴性培训 8300 多万人次。全国总工会制定《关于充分发挥工会在建设知识型、技术型、创新型技术工人队伍中作用的意见》；会同教育部开展农民工“求学圆梦行动”，培训各类农民工 600 万人次；建设“技能强国–全国产业工人学习社区”，培训职工1.86亿人次；加强新时代工匠学院建设，实施高技能领军人才境外培训计划。

下一步，国家将从加强职业教育、加大财政投入、支持企业加强职工教育培训、提供社会培训资源等方面入手，认真落实《“十四五”职业技能培训规划》和《制造业技能根基工程实施方案》，大力开展企业职工岗位技能提升培训，指导企业建设高技能人才实训基地，着力提升产业工人的数字素养与技能，每年举办一届大国工匠创新交流大会等，为产业工人队伍技术技能提升提供全方位的支持保障。

32 如何确保职工教育经费落到实处？

《新时期产业工人队伍建设改革方案》要求：落实企业职工教育经费，完善经费投入与监督制度，允许企业培训费用列入成本并按规定在税前扣除。

加强职工教育经费的管理和使用是发挥企业培训产业工人主体作用、提升产业工人技术技能水平、保障产业工人合法权益的重要举措。职工教育经费是指企业按工资总额的一定比例提取用于职工教育事业的一项费用，是企业为职工学习先进技术和提高文化水平而支付的费用。国务院 2014 年发布的《关于加快发展现代职业教育的决定》提出，企业要依法履行职工教育培训和足额提取教育培训经费的责任，其中用于一线职工教育培训的比例不低于 60%。2018 年，国家将一般企业的职工教育经费税前扣除限额比例与高新技术企业的限额比例统一，从 2.5% 提高至 8%，使得职工教育经费更加充裕。

根据财政部、全国总工会等部委《关于企业职工教育经费提取与使用管理的意见》规定，担负监督企业提取和使用职工教育经费职责的有企业工会、职工代表大会、企业审计，各级劳动保障、审计部门等。企业应将职工教育经费的提取与使用情况列为厂务公开的内容，定期或不定期进行公开，向职工代表大会或职工大会报告，接受职工代表的质询和全体职工的监督。

33 国家在技能评价方式上会做哪些改进?

《新时期产业工人队伍建设改革方案》要求：改进产业工人技能评价方式。

技能评价方式和资格认证制度是技能形成体系的核心，包括职业技能等级设置、评价方式、资格认证、薪酬体系和集体协商等方面。中共中央办公厅、国务院办公厅印发的《关于分类推进人才评价机制改革的指导意见》，要求加快推进重点领域人才评价改革，创新技术技能人才评价制度。目前，国家制定、修订并颁布了 228 个国家职业标准，并支持各级各类企业自主开展技能人才评价工作。截至 2020 年底，全国共有 3800 余家企业、近 900 家社会培训评价组织完成职业技能等级认定评价机构备案，125 万人取得职业技能等级证书。

今后，国家还将继续推动评价方式更加科学化，打破学历、年龄等条件限制，加大对创新能力、现场解决问题能力和业绩贡献的评价比重；深化企业人事管理和工人劳动管理相区分的双轨管理体制改革，推动高技能人才与专业技术人才职业发展贯通；促进职业技能等级认定结果与培养使用、待遇提升挂钩，通过在工资结构中设置体现技术技能价值的工资单元或根据职业技能等级设置单独的技能津贴等方式，合理确定技能人才的工资水平，以实现多劳者多得、技高者多得。

34 国家对培养更多高技能人才有哪些安排？

《新时期产业工人队伍建设改革方案》要求：打造更多高技能人才，并从实施国家高技能人才振兴计划，搭建高技能人才交流平台，叫响做实“大国工匠”品牌等方面提出了许多重要举措。

高技能人才也被称为优秀技术工人，是指熟练掌握专门知识和技术，具备精湛的操作技能和较强的创新能力，在一线岗位实践中能够解决关键技术和工艺的操作性难题的技术工人，主要包括取得高级工、技师、高级技师、特级技师、首席技师职业资格及相应技能水平以上的技术工人。高技能人才是技术技能的重要传承者、产业转型升级的重要推动者、制造强国战略和创新驱动发展战略的重要实践者，是产业工人的优秀代表。

国以才立、业以才兴。今后，国家将加大对高技能人才的培养力度，广大产业工人的职业发展前景将更加广阔。继续实施国家高技能人才振兴计划和高技能领军人才境外培训计划，建设劳模和工匠人才创新工作室、国家级高技能人才培训基地、国家级技能大师工作室，落实《关于进一步加强高技能人才与专业技术人才职业发展贯通的实施意见》，推行高技能人才年薪制，加大推荐高技能人才享受政府特殊津贴力度，切实提高高技能人才的各项待遇。

35 产业工人能走出国门开展学习和技能交流吗？

《新时期产业工人队伍建设改革方案》要求：组织产业工人积极参与实施“走出去”战略和“一带一路”建设。

随着经济全球化的不断深入发展，各国之间的联系更加紧密，各国产业工人的技能交流与合作也朝着国际化方向发展。可以说，实施“走出去”战略、推进“一带一路”建设，是党中央、国务院根据世界形势深刻变化，在全球化深入发展、全球产业链深度调整的背景下，为统筹国内、国际两个大局提出的重大战略构想，也为产业工人提升素质、发展职业技能创造了难得的历史机遇。“走出去”战略、“一带一路”建设既是产品、产能、资本的输出，更是产业工人技术、技能的输出；既有高层领导互动，也有基层产业工人交流。近年来，全国总工会与科技部合作实施高技能领军人才境外培训计划，目前已组织两批高技能领军人才赴德国参加“高端制造”培训交流、一批高技能领军人才赴日本参加“精益制造”培训交流。

今后，国家将继续组织产业工人走出国门，让产业工人加强与其他国家优秀产业工人的技术交流，积极参加世界技能大赛，进一步帮助产业工人了解世界前沿技术动态，学习新知识、掌握新技能、增长新本领，走好技能成才、技能报国之路。

第五部分

农民工的成长和发展将得到进一步重视

扫描二维码

收听语音版产业工人队伍建设改革知识

36 为什么说农民工是产业工人队伍的重要组成部分？

《新时期产业工人队伍建设改革方案》要求：充分调动一线工人、制造业工人、农民工的积极性和创造性，并专门对农民工的技能培训、权益维护等方面提出具体措施。

农民工是指户籍仍在农村，进入城市务工和在当地或异地从事非农产业劳动 6 个月及以上的劳动者，也被称为农村转移就业劳动者。农民工是我国改革开放和工业化、城镇化进程中涌现的一支新型劳动者大军，已经成为产业工人的主要来源，是产业工人队伍的重要组成部分，为我国经济社会发展作出了积极贡献。国家统计局数据显示，2021 年，我国农民工已达 2.93 亿人，比上年增长 2.4%，1980 年及以后出生的新生代农民工已占农民工总量的一半以上。

多年的实践证明，农民工进城务工、经商、就业是他们逐步融入城市的立足之本，而农民工是稳定产业工人队伍的重要力量。深入实施农民工学历与能力提升行动计划、农民工职业技能提升计划，帮助农民工增加受教育培训机会，提高专业技术技能水平和胜任岗位能力，促进农民工更好地融入城市，把农民工培养成为稳定就业的产业工人是产业工人队伍建设改革的应有之义和重要内容。

37 为什么要下大力提升农民工的技术技能水平？

《新时期产业工人队伍建设改革方案》要求：帮助农民工特别是新生代农民工增加受教育培训机会，提高专业技能和胜任岗位能力。

从数量上看，农民工已成为我国产业工人的主体，为经济社会发展作出了巨大贡献。

但从整体看，农民工就业的岗位大多对技术技能水平要求不高、薪酬待遇较低，农民工就业不稳定、就业质量不高，其岗位可替代性强，使得其薪酬议价能力不足。这些都与农民工整体上学历层次较低、缺乏专业化培训、技术技能水平不高有直接关系。

提升农民工的技术技能水平，是促进农民工融入城市、稳定就业的基本前提。2019年，人力资源和社会保障部印发了《新生代农民工职业技能提升计划（2019—2022年）》，旨在帮助农民工特别是新生代农民工提升专业技术技能水平和胜任岗位能力，将其培养成为高素质技能劳动者和稳定就业的产业工人。2021年，国务院印发《“十四五”就业促进规划》，实施农民工素质提升工程，推进新生代农民工职业技能提升计划。全国总工会最大限度地把农民工组织到工会中来，深入实施农民工学历与能力提升行动计划等，全方位、多角度维护好农民工的合法权益。

以深圳为例，深圳市总工会、深圳市人

力资源和社会保障局等部门大力开展“粤菜师傅”“广东技工”“南粤家政”3 项工程，粤菜大师免费给农民工培训，让他们学会一门手艺，吃上“技术饭”。湖北十堰市实施“一户一产业工人”培养工程，把更多农民工培养成为高素质产业工人，成功走出一条壮大产业工人队伍与乡村振兴相互促进的新路子。

38 “求学圆梦行动”能给农民工提供提升学历的机会吗?

《新时期产业工人队伍建设改革方案》要求：深入实施农民工学历与能力提升行动计划。

2016 年 3 月，教育部、全国总工会联合实施农民工学历与能力提升行动计划——“求学圆梦行动”，使每位农民工都能得到相应的技术技能培训，能够通过学习免费开放课程，提升自身素质与从业能力。“求学圆梦行动”

是整合政、工、校、企多方资源，通过建立学历与非学历教育并重，产教融合、校企合作、工学结合的农民工继续教育新模式来提升农民工学历层次和技术技能水平。全国总工会还设立了专项扶持资金，截至2022年6月，已资助120多万名农民工提升学历。

目前，全国各地都积极推动农民工“求学圆梦行动”。例如，截至2022年2月，福建省总工会联合福建开放大学开设农民工“求学圆梦行动”公共服务平台，累计发放专项补助7000多万元，已帮助超5.6万名农民工提升学历层次和技术技能水平。

39 “春潮行动”如何帮助农民工提升职业技能水平？

《新时期产业工人队伍建设改革方案》要求：深入实施农民工职业技能提升计划。

2014 年，人力资源和社会保障部启动了农民工职业技能提升计划——“春潮行动”，通过开展培训，将农村转移就业劳动者培养成符合经济社会发展需求的高素质技能劳动者。提出力争使新进入人力资源市场的农村转移就业劳动者都有机会接受一次相应的就业技能培训，企业技能岗位的农村转移就业劳动者得到一次岗位技能提升培训或高技能人才培训，具备一定创业条件或已创业的农村转移就业劳动者有机会接受创业培训。

根据计划，各地每年面向农村新生劳动力和拟转移就业劳动者开展政府补贴性就业技能培训，培训合格率达到 90% 以上，就业率达到 80% 以上；每年面向在岗农民工开展政府补贴性岗位技能提升培训，培训合格率达到 90% 以上；每年面向有创业意愿的农村转移就业劳动者开展创业培训，培训合格率达到 80% 以上，创业成功率达到 50% 以上。目前，已培训各类农民工约 600 万人次。

40 国家在促进农民工稳定就业方面有哪些举措？

《新时期产业工人队伍建设改革方案》要求：促进农民工融入城市、稳定就业。

就业是最大的民生，也是经济发展最基本的支撑。针对新生代农民工的就业质量有待提高、融入城市依然困难等突出问题，国务院专门成立了农民工工作领导小组，全国总工会也相应成立了农民工工作领导小组，始终把提高农民工就业质量放在重要位置。特别是新冠肺炎疫情暴发以来，国家出台了一系列稳定农民工就业、保障农民工劳动经济权益的政策措施，持续加强春节前后农民工返乡返城流动监测，指导各地区积极引导农民工返岗复工。开展农民工返岗复工“点对点”服务保障工作，重点保障脱贫劳动力、边缘易致贫人口外出务工和重点企业用工，通过组织专车、专列、包机运输服务，2020 年累计“点对点”运送农民工返岗复工 606.8 万人。

受当前经济下行压力和疫情持续影响，部分企业的生产经营面临较大困难，农民工稳定就业也出现了新的矛盾问题。国家将深入贯彻落实《“十四五”就业促进规划》，着力稳定宏观经济大盘，提高经济增长的就业带动力；加快数字产业化和产业数字化，促进战略性新兴产业发展，推动传统产业转型升级，为产业工人创造更多高质量就业岗位。持续做好保供稳价、助企纾困工作，强化对制造业、接触型服务业、中小微企业和个体工商户的精准支持，进一步减轻市场主体负担，提升其稳岗和吸纳就业的能力。

41 农民工将享受到怎样的公共服务？

《新时期产业工人队伍建设改革方案》要求：将农民工培养成为稳定就业的产业工人，公平保障其作为用人单位职工、城镇常住人口的权益，提供基本公共服务。

近年来，保障农民工劳动经济权益、为农民工提供更多的基本公共服务成为各级党委、政府的共识。人力资源和社会保障部推进《保障农民工工资支付条例》贯彻实施。司法部开展农民工劳动合同普查与体检，规范合同签订。各级工会投入资金 11.67 亿元建设工会户外劳动者服务站点近 9.6 万个。青岛市通过调整政策、优化资源配置，保障农民工随迁子女平等接受义务教育，以新生代农民工为重点推动参保扩面。

今后，国家将更加注重农民工就业能力提升和人才队伍建设，努力为农民工打通上升通道，使其获得更高质量的就业和更高水平的收入。同时，积极探索户籍制度改革研究，大力推动放开放宽城市落户条件政策，提升和扩大城市基本公共服务的承载力和覆盖面，建立面向农民工的社会保障体系，帮助农民工真正融入城市。

第六部分

国家将为产业工人打造互联网“知识海洋”和“服务神器”

扫描二维码

收听语音版产业工人队伍建设改革知识

42 产业工人队伍建设改革为什么需要互联网“加持”？

《新时期产业工人队伍建设改革方案》要求：运用互联网促进产业工人队伍建设，并从创新产业工人队伍建设网络载体、打造网络学习平台、推行“互联网 +”普惠性服务 3 个方面提出具体举措。

当前，互联网尤其是新媒体迅速发展，广大产业工人，特别是“90 后”“00 后”新生代产业工人获取信息、生产生活的平台主要都在互联网上，互联网正在越来越深刻地改变着我们的生产、生活、学习等各个方面。每天，我们都要刷微信、抖音，运用“学习强国”等平台进行学习；在单位或者工厂，我们需要通过互联网发送文件、查询资料或是开动和操作工业机器人、自动控制设备进行生产。以“无人驾驶”“工业机器人”和

“机器仓管员”等为代表的人工智能技术，正逐步取代传统的劳动模式。我国是制造业大国，也是互联网大国。如果放弃互联网阵地，推进产业工人队伍建设改革将成为无源之水。

因此，全国总工会近年来致力于打造网上工会、智慧工会，就是希望通过互联网促进产业工人队伍建设，实现吸引广大产业工人入会、加强对产业工人的宣传宣讲、开展互动性的沟通交流、为产业工人提供普惠性服务等目标。因此，产业工人队伍建设改革不仅离不开互联网，还需要利用好互联网。

43 在互联网上有哪些可供产业工人交流学习的新载体？

《新时期产业工人队伍建设改革方案》要求：创新产业工人队伍建设网络载体。提出要建立健全产业工人队伍基础数据库建设，加强网上思想引领、技术交流、创新成果展示、文化建设等工作。

5年来，党和国家逐步加大在创新产业工人队伍建设网络载体方面的投入力度，取得了阶段性成效。中央宣传部利用“学习强国”平台，宣传阐释新时期产业工人队伍建设改革措施，广泛宣传产业工人的精神风貌和先进典型。

全国总工会积极推进产业工人队伍建设网络载体的建设，主要做了以下工作。

（1）开发了工会组织会员实名制数据库、新媒体矩阵项目，坚持工会会员实名制管理与普惠服务有机融合、一体推进。

（2）开发了工会App，实现劳动者入会、会籍管理、困难帮扶、法律援助、劳模管理、普惠服务、职业培训、就业服务、交互式即时通信等功能。

（3）开发了全国工会电子职工书屋服务系统，实现用户管理、电子书查询、权限管理、版权管理等基本功能和在线学习互动等。

（4）开发了工会理论与实践工作应用资料数据库，存储可供工会干部学习的理论知识、案例讲解，也可用于保存图文资料。

目前，全国总工会正在探索建设结构清晰、信息完整、数据准确、动态管理的制造业产业工人队伍基础数据库，实施动态监测，逐步构建覆盖全国制造业产业工人的数据库系统。加强产业工人线上学习平台“技能强国－全国产业工人学习社区”建设，在“十四五”期间开展10个行业的网上练兵活动，为更多的产业工人提供线上学习的平台。

44 产业工人如何利用互联网开展学习？

《新时期产业工人队伍建设改革方案》要求：打造网络学习平台。这是适应工业化、信息化融合发展的重要举措。

产业工人可以通过以下方式开展网络学习，提升技术技能水平。

（1）进入全国总工会开发的“技能强国－全国产业工人学习社区”（可通过微信扫描本书封底二维码进入）、“全国职工技能培训与岗位练兵在线平台”、“中国职业培训在线”平台、“新时代工匠学院”网上平台、全国工会电子职工书屋、中国职工教育服务网等平台开展学习。其中，“技能强国－全国产业工人学习社区”目前已累计培训职工 1.86 亿人次，共有 300 多名劳模、工匠登录平台开展了近 350 场次直播授课。

（2）进入教育部开发的国家数字教育资源公共服务系统开展学习。该系统汇集了虚拟仿真实验实训软件、职业院校数字校园建设典型案例等资源 3500 余个以及职业岗位核心能力精品课资源 500 余个。

（3）进入工业和信息化部开发的“工业和信息化技术技能人才网上学习平台”开展学习。该平台涵盖信息技术、汽车、新能源等 14 个大类的微视频课程资源近 3200 个，有超 4000 个的在线课程资源。

（4）参与人力资源和社会保障部实施的“互联网 + 职业技能培训计划”，通过“技工教育网”或“学习强国”平台上的“技能频道”开展学习。其中，“技工教育网”平台已为全国 1300 余所技工院校的 20 余万名师生提供了在线教学服务。

45 产业工人如何享受“互联网 +”普惠性服务？

《新时期产业工人队伍建设改革方案》要求：推行“互联网 +”普惠性服务。从各地工会的探索实践来看，“互联网 +”工会普惠性服务符合职工群众期待，有效破解了工会服务职工群众的“最后一公里”问题。

通过互联网，产业工人能够享受到越来

越便捷和周到的服务。

（1）全国总工会立项了权益保障智能化平台项目，升级困难帮扶系统，完善建设就业服务子平台方案；打造“工惠驿家”普惠性示范项目，在20多个省份全面部署推进，在部分中央企业开展加快“互联网+”技术开发应用试点工作，推动企业利用手机App成立创新联盟。

（2）国务院办公厅、国家发展和改革委员会等部门建成国家政务服务平台，推动构建统一规范、多级联动的政务服务“全国一张网”，实现360万项服务、1000多项高频服务“一网通办”。

（3）人力资源和社会保障部结合国家“金保工程”二期，建立基于互联网的职业技能培训公共服务平台，提升网络服务产品的供给与服务能力；开发“国家职业技能标准查询系统”，覆盖目前正式出版的全部1200多个国家职业技能标准，并已在“中国职业培训在线”平台和“职培云”微信公众号上正式上线，实现线上免费查询。

同时，广大产业工人还可以通过当地工会组织建设的网上平台享受相关服务。比如，上海市总工会通过“申工社”微信公众号和 App 推送普惠性服务和优惠信息。河北省总工会对“一卡一网”（工会会员卡和职工服务网）进行融合。沈阳市总工会为 70 余万名农民工设计、打造专属的“爱异客” App，集维权、入会、帮扶、培训和服务 5 大功能于一体。

46 网上“职工之家”是什么样子？

《新时期产业工人队伍建设改革方案》要求：建设网上“职工之家”，加强与产业工人的网上互动交流。

目前，各级工会组织正在积极探索建设网上“职工之家”，重点在以下几个方面努力。

（1）发挥网络优势，健全工作载体。整合工会系统网站、微博、微信、App 等网络平台，打造工会服务职工的新媒体矩阵，建立“扁平化”服务模式，促进服务“在指尖上移动、在移动中完成”，让“信息多跑路、职工少跑腿”，打造方便快捷、务实高效的服务职工新通道。

（2）拓展服务内容，增强工作实效。按照“会、站、家”一体化思路，加强困难职工帮扶中心（职工服务中心）和站点建设，形成线上线下相互促进、有机融合的工会服务工作新体系。着力扩大工作覆盖面和服务受众范围，将服务的重点从困难职工、劳模等特殊群体向广大普通职工延伸，做到哪里有职工，哪里就有工会组织提供的贴心服务。

（3）整合资源手段，拓宽工作格局。注重引导更多资源向基层倾斜，有效利用国家基础网络设施和信息资源，整合全国工会系统信息资源，实现资源优化配置和有效利用。

（4）围绕重点难点，创新工作方式。进

一步完善和发展网上申请入会的工作方式，打造面向职工的便捷入会窗口，形成服务促进入会、入会即享服务的良好局面，带动更多职工加入工会组织。

第七部分

展望未来，
改革将不断为产业工人实现
更好发展提供有力支持

扫描二维码

收听语音版产业工人队伍建设改革知识

47 新形势下，产业工人队伍建设改革将如何加大组织推进力度？

《新时期产业工人队伍建设改革方案》要求：构建合力推进产业工人队伍建设改革的工作格局。

2022 年 4 月 27 日，习近平总书记在致首届大国工匠创新交流大会的贺信中明确要求："各级党委和政府要深化产业工人队伍建设改革，重视发挥技术工人队伍作用，使他们的创新才智充分涌流。"这对深化产业工人队伍建设改革发出了动员令。

下一步，改革工作将深入学习宣传贯彻习近平总书记的贺信精神，坚持目标导向、问题导向、效果导向相统一，以更大的力度、更实的举措扎实推进，不断取得新成效。在全面总结 5 年改革成效和经验的基础上，研究制定《进一步深化产业工人队伍建设改革的指导意见》。提高各级对推进产业工人队伍建设改革、促进产业工人成长成才的政治责任感，强化协调小组工作机制。对各省（区、市）推进产业工人队伍建设改革工作进行评价考核，推动各级党委和政府加强对深化产业工人队伍建设改革工作的组织领导。探索建设结构清晰、信息完整、数据准确、动态管理的制造业产业工人队伍基础数据库，实施动态监测。

48 如何打通产业工人队伍建设改革“最后一公里”？

《新时期产业工人队伍建设改革方案》要求：突出重点，着力在支柱产业、战略性新兴产业和骨干企业中推进改革，发挥国有企业的带动作用。

企业是落实产业工人队伍建设改革任务

的主体和“最后一公里”，产业工人队伍建设改革的政策举措必须首先得到企业的重视，并认真加以实施，才能真正落地落实，产业工人才能真正得到实惠。下一步，各级将积极推动和发挥企业的改革主体作用，全国总工会将联合国务院国有资产监督管理委员会研究出台《关于充分发挥国有企业在推进产业工人队伍建设改革中带动作用的意见》，积极推动非公企业特别是上市公司、民营企业500强、头部企业的产业工人队伍建设改革工作，努力打通改革“最后一公里”。

49 国家将如何为产业工人队伍建设提供全方位的法治保障?

《新时期产业工人队伍建设改革方案》要求：加强有关产业工人队伍建设的法治保障。

习近平总书记明确指出，推进全面依法

治国，根本目的是依法保障人民权益。党的十八大以来，有关产业工人队伍的法治建设成绩有目共睹。2022 年，国家出台了新修订的《工会法》，将推动产业工人队伍建设改革明确为工会组织的法定职责；新修订出台的《职业教育法》，对加强职业教育、提高技术工人培养水平提供了法律保障。

目前，全国总工会、全国人大常委会法工委、司法部、人力资源和社会保障部正在推动基本劳动标准等方面立法的研究论证工作，加强企业民主管理、集体协商等立法项目研究。今后，各级将深入落实《工会法》《劳动法》《企业民主管理规定》等法律法规，以促进企业发展、维护职工权益为原则，切实依法保障产业工人与用人单位平等协商的权利，将民主管理与集体协商、劳动法律监督、企业管理等制度有效衔接，研究探索适应“互联网 +”时代要求的“网上职工代表大会”“网上厂务公开”等新形式，大力开展法治宣传，形成推进产业工人法治建设的合力。

50 国家财政对产业工人队伍建设改革的投入情况如何？

《新时期产业工人队伍建设改革方案》要求：完善财政投入机制。

推进产业工人队伍建设改革离不开有力的财政支持和资金投入。近年来，国家持续加大对产业工人队伍建设改革的资金投入力度，特别是在产业工人技能培训等方面取得了积极成效。财政部2018—2022年安排现代职业教育质量提升计划中央财政专项资金1260.6亿元，会同人力资源和社会保障部指导各地从失业保险基金中提取资金1139亿元统筹用于实施职业技能提升行动，会同国家税务总局将企业职工教育经费支出的税前扣除限额比例由工资总额的2.5%提高至8%。国家发展和改革委员会安排38.4亿元支持建设135个公共实训基地。工业和信息化部建设13

家实训基地。人力资源和社会保障部开展补贴性培训8300多万人次，完成企业新型学徒制培训124万人。全国总工会改革预算资金由2019年的3552万元提高到2022年的5.67亿元。

随着国家推动高质量发展、企业转型升级对产业工人技术技能水平的要求越来越高，国家对包括加强技能培训在内的产业工人队伍建设改革的财政投入力度也将越来越大，深入推进《“十四五”职业技能培训规划》，实施“技能中国行动”，加快建设公共实训基地和工匠学院，指导企业建设高技能人才实训基地。同时，国家将积极落实职业技能鉴定补贴政策，将高技能人才队伍建设经费纳入各级政府人才工作经费预算，对参加技师、高级技师教育培训并获得职业资格证书或职业技能等级证书的产业工人，给予一定的培训费补贴。

图书在版编目（CIP）数据

产业工人队伍建设改革职工知识50问 / 推进产业工人队伍建设改革协调小组办公室编. —北京：中国工人出版社，2022.4

ISBN 978-7-5008-7910-7

Ⅰ. ①产…　Ⅱ. ①推…　Ⅲ. ①产业工人－体系建设－体制改革－中国－问题解答　Ⅳ. ①D412-44

中国版本图书馆CIP数据核字（2022）第062419号

产业工人队伍建设改革职工知识50问

出 版 人　董　宽
责任编辑　习艳群
责任校对　张　彦
责任印制　栾征宇
出版发行　中国工人出版社
地　　址　北京市东城区鼓楼外大街45号　邮编：100120
网　　址　http://www.wp-china.com
电　　话　（010）62005043（总编室）
　　　　　（010）62005039（印制管理中心）
　　　　　（010）82027810（职工教育分社）
发行热线　（010）82029051　62383056
经　　销　各地书店
印　　刷　三河市国英印务有限公司
开　　本　787毫米×1092毫米　1/32
印　　张　3.75
字　　数　45千字
版　　次　2022年8月第1版　2022年12月第8次印刷
定　　价　18.00元